AF302782

Unterrichtsreflexion

Das Halten einer Rede in der q11

von

Nicole Lang

Bibliografische Informationen der Deutschen Nationalbibliothek:
Die Deutsche Nationalbibliothek verzeichnet diese Publikation in der Deutschen Nationalbibliografie; detaillierte bibliografische Daten sind im Internet über http://dnb.dnb.de abrufbar.

© 2014 Nicole Lang

Herstellung und Verlag:

BoD – Books on Demand, Norderstedt

ISBN: 978-3-7347-4496-9

Diese Hausarbeit wurde im Rahmen der „Begleitveranstaltung zum studienbegleitenden fachdidaktischen Praktikum" im Wintersemester 2013/14 bei Axel Krommer am Lehrstuhl für Didaktik der deutschen Sprache und Literatur der Friedrich-Alexander-Universität Erlangen-Nürnberg angefertigt.
Ich danke Herrn Krommer ganz herzlich für seine Unterstützung.

Inhaltsverzeichnis

1. Allgemeine Informationen zum Praktikum

Im Rahmen meines Lehramtstudiums für das Gymnasium an der Friedrich-Alexander-Universität Erlangen-Nürnberg habe ich das studienbegleitende fachdidaktische Praktikum im Wintersemester 2013/14 am Siegmund-Schuckert-Gymnasium (SSG) in Nürnberg abgelegt. Dort wurde uns fünf Praktikantinnen und Praktikanten (der Einfachheit halber im Folgenden lediglich als Praktikanten bezeichnet) die Möglichkeit geboten, am Mittwochmorgen eine Unterrichtsstunde in einer 5. Klasse und zwei Unterrichtsstunden in einer 11. Klasse zu besuchen und abwechselnd auch zu halten. Unterstützt wurden wir dabei vor allem durch den Praktikumslehrer Thomas Schmitt, der uns bei den Vor- und Nachbesprechungen unserer Stunden zur Seite stand und uns den Unterricht in seiner 11. Klasse ermöglichte, sowie durch Johannes Bauer, der uns seine 5. Klasse überließ.

Da wir nur an einem Vormittag in der Woche in der Schule waren, haben uns die beiden Deutschlehrer dankenswerterweise angeboten, dass unsere Stunden als Einheit für sich stehen könnten. Dadurch konnten wir die Themen wählen, die wir gerne mit den SuS durchnehmen wollten. Der entscheidende Vorteil lag darin, dass wir so immer wussten, was die SuS zu diesem Thema bereits behandelt haben. Somit musste keine zusätzliche Klärung darüber stattfinden, wie weit ein Thema bereits von den Deutschlehrern besprochen wurde und wo wir anknüpfen mussten. Das hatte zur Folge, dass in der 5. Klasse die Unterrichtsstunden von uns Praktikanten aufeinander aufbauten, in der 11. Klasse hingegen, wohl auch bedingt durch die Doppelstunde, einzelne Themenbereiche herausgegriffen wurden. Ein weiterer Vorteil lag darin, dass, wenn ein Praktikant die Zeit falsch eingeschätzt hatte und doch noch eine weitere Stunde brauchte, diese Stunde problemlos eine Woche später fortgeführt werden konnte. Dadurch war es möglich bereits ausgearbeitete Konzepte noch zu Ende zu halten. Da die Deutschlehrer darauf geachtet haben, dass in den Stunden der Praktikanten keine organisatorischen Dinge besprochen werden, konnten wir ein besseres Zeitgefühl erwerben.

Im Folgenden soll nun über eine Doppelstunde in der q11 berichtet werden. Dazu werde ich, nachdem ich auf die Planung der Stunde sowie die curricularen Vorgaben eingegangen bin, einen kurzen Überblick über die Lerngruppe geben. Anschließend werde ich den Ablauf schildern. In der anschließenden Reflexion sollen die Anmerkungen der SuS, der Praktikanten und des Betreuungslehrers, sowie eigene Verbesserungsvorschläge dargestellt werden.

2. Planung der Stunde

Da, wie bereits erwähnt, die Unterrichtsstunde für sich allein stehen sollte, wählte ich mir ein Thema aus dem Bereich „Reden – Referieren – Präsentieren"[1], persönliche Präferenzen spielten bei der Themenwahl sicher auch eine Rolle. Ich orientierte mich dabei an dem Schulbuch, das in dieser Schule in der 11. Klasse verwendet wird. Hierin wird zunächst ein kurzer geschichtlicher Abriss über die Rhetorik in der Antike und den Grundtypen der Rede nach Karl Bühler gegeben, um dann auf verschiedene Redesituationen hinzuweisen. Da die SuS die Schulbücher meist nicht dabei haben, habe ich mich dazu entschlossen diese Informationen in das Informationsblatt mit aufzunehmen (siehe Anhang 1), da dadurch die Arbeitsaufträge klarer werden sollten. Ebenfalls in diesem Schulbuch konnte ich einen ‚Info-Kasten' finden, der Hinweise und Regeln für eine gute Rede enthalten hat, weswegen ich diesen Kasten ebenfalls dem Informationsblatt angefügt habe, denn dies sind sicher Punkte, die die SuS auch nach der Schule noch brauchen können und deshalb in ihren persönlichen Unterlagen nicht fehlen sollten.

Die in dem Buch abgedruckte Rede von Konrad Weiß über eine Ausschreitung von Rechtsradikalen gegen Ausländer war zwar prinzipiell gut geeignet, war aber von 1992, also von einer Zeit, in der die SuS noch nicht geboren waren. Und da ich die Stunde nicht zentriert auf einen Ausgangstext aufbauen wollte, habe ich in YouTube nach Reden von Bundestagsabgeordneten gesucht, die über ein Thema reden,

---

[1] Kohrs (2009): 50-55.

von dem die SuS schon etwas gehört haben. Letztlich habe ich mich dann für die Rede „Japan: Jürgen Trittins Rede im Bundestag zu Fukushima"[2] entschieden, die am 17.03.2011 gehalten wurde[3] und die ich bis zur sechsten Minute als Einstieg zeigen wollte. Davon ausgehend wollte ich mit den SuS eine Mind-Map an der Tafel erstellen, bei der thematisiert werden sollte, was eine gute Rede ausmacht. Anschließend sollten die SuS Trittins Rede nach diesen Gesichtspunkten bewehrten. Um die späteren Arbeitsaufträge verständlich zu machen, wollte ich anschließend beginnen, das Informationsblatt zu lesen, jedoch ohne den Kasten, da ich davon ausgegangen bin, dass sich die SuS bei der späteren Gruppenarbeit selbstständig mit den Teilen des Kastens auseinandersetzten würden, die für sie interessant sind.

Da das Thema ‚Ökostrom' zur Zeit der gehaltenen Unterrichtsstunde in der Presse kursiert und aus der Katastrophe von Fukushima erwachsen ist, habe ich einen Artikel gesucht, der möglichst kurz und umfassend der Problematik von traditioneller Stromgewinnung und ‚Ökostrom' umreißt und wurde bei der SZ fündig[4]. Dieser Artikel sollte den SuS Anregungen und Argumente für die spätere Gruppenarbeit geben. Falls die SuS zusätzliche Informationen einholen wollten, wollte ich ihnen erlauben dazu ihre Smartphones zu benutzen, um im Internet weiter zu recherchieren.

---

[2] http://www.youtube.com/watch?v=Qer_08hK7UA
[3] http://www.gruene-
bundestag.de/parlament/bundestagsreden/2011/maerz/regierungserklaerung-
japan_ID_374771.html
[4] http://www.sueddeutsche.de/wirtschaft/strompreiserhoehungen-deutschland-sucht-
den-suendenbock-1.1530889

Ich bin davon ausgegangen, dass eine Gruppenarbeit von möglichst unterschiedlichen Meinungen in einer Gruppe am meisten profitieren kann. Daher wollte ich dann die SuS darum bitten, sich in einer gedachten Linie für und gegen traditionelle Energien entsprechend ihres Standpunkts einzureihen (‚Ampelspiel‘). Ausgehend davon sollten sie dann von eins bis vier durchzählen und sich in entsprechende Gruppen zusammenfinden. (Ich hatte mir auch die Variante überlegt, dass die SuS entsprechend ihrer Position in eine Gruppe eingeteilt werden könnten, habe mich aber dagegen entschieden, weil ich es für die geplante Gruppenarbeit sinnvoller fand, dass die Gruppen Ansichten aus jedem Lager enthielten.)

Die Gruppenarbeiten sollten nun daraus bestehen, dass die SuS gemeinschaftlich eine Rede erarbeiteten, die dann ein Gruppenmitglied vorträgt. Die einzelnen Gruppen sollten entweder eine verharmlosende, eine sachliche, eine appellative oder eine ironisch-satirische Rede vorbereiten, idealerweise in Stichpunkten, die jeweils bis zu vier Minuten dauern sollte (siehe Anhang 2). Für den Vortrag der Rede hatte ich gehofft, dass das SSG für diese Situationen ein Rednerpult bereithielt, notfalls wollte ich aber einen Notenständer mitnehmen. Die Zuhörer sollten während der Rede beobachten, welche Punkte der Mind-Map der Redende beherzigte, also was gut und schlecht an der Rede war.

Nach den einzelnen Reden sollten sich die SuS dann wieder auf der Linie einreihen um zu sehen, inwieweit die Reden ihre Meinung zu traditioneller Energie verändert haben. Danach sollte dann in der

Klasse besprochen werden, was bei den einzelnen Reden aufgefallen ist.

Das waren die Überlegungen, die ich zu dieser Doppelstunde angestellt hatte, die zeitliche Einteilung kann dem Verlaufsplan entnommen werden (siehe Anhang 3). Zwar bin ich dadurch, dass dieses Thema im Schulbuch für die 11. Klasse angegeben ist, davon ausgegangen, dass diese Thematik durch den Lehrplan gestützt wird. Trotzdem wollte ich mich dessen vergewissern.

3. Vorgaben durch den Lehrplan

Beim Zurate ziehen des Lehrplans für die 11. Klasse des bayerischen Gymnasiums ist auffällig, dass der Punkt ‚Reden halten‘ so nicht vorgesehen ist, mit ihm jedoch Schwerpunkte aus den ersten drei Bereichen abgedeckt werden.

So wird der Forderung nachgekommen, „sich situations- und adressatengerecht mitzuteilen [… und] bei verschiedenen, praxisbezogenen Sprachanlässen [… die] rhetorischen Fähigkeiten gezielt und systematisch"[5] zu schulen. Desweiteren wird dadurch ein Rollenspiel durchgeführt. Auch der Schwerpunkt D 11.2 wird behandelt: „Beim Analysieren von Sachtexten erfassen sie zentrale Aussagen und geben diese angemessen wieder, sie decken die Argumentationsstruktur auf

---

[5] http://www.isb-gym8-lehrplan.de/contentserv/3.1.neu/g8.de/index.php?StoryID=26539&PHPSESSID=db8459138050684cce945b745b0bcdc8

und beurteilen den Informationsgehalt [...] Sie klären ihren eigenen Standpunkt und entwickeln konzeptionell durchdachte, klar strukturierte und wirkungsvoll ausformulierte Argumentationen."[6] Da eine Rede schon seit der Antike von rhetorischen Mitteln lebt, wird auch dem Punkt D 11.3, „Sprachbetrachtung", genüge getan, da das Sprachwissen der SuS gezielt angewendet wird, wodurch sie auch am eigenen Sprachstil arbeiten können. Gerade der Punkt „Durchschauen von Möglichkeiten der Manipulation"[7] kann dadurch gefördert werden, dass die SuS selbst versuchen manipulativ tätig zu sein und so mit diesen Methoden vertrauter werden und diese letztendlich besser erkennen können.

Somit kann gesagt werden, dass Teile der durch den Lehrplan geforderten Lernziele abgedeckt werden. Doch auch die Lerngruppe gibt gewisse Vorgaben, auf die im Folgenden eingegangen werden soll.

---

[6] ebd.
[7] ebd.

4. Die Lerngruppe

Grundsätzlich ist diese 11. Klasse eine sehr lernwillige Klasse, die gerne den Ideen der Praktikanten gefolgt ist. Ich habe den Eindruck gewonnen, dass eine freundschaftliche Atmosphäre in der Klasse herrscht und niemand wegen einer Äußerung verspottet wird. Außerdem werden die gestellten Aufgaben von den Meisten gründlich und phantasievoll erledigt. Aus diesen Gründen war ich mir sicher, dass die Gruppenarbeit gut aufgenommen werden und zu guten Ergebnissen führen würde.

5. Der Ablauf der Stunde

Nach einer kurzen Begrüßung habe ich den Film „Japan: Jürgen Trittins Rede im Bundestag zu Fukushima" über den Beamer bis zur sechsten Minute gezeigt. Die SuS verfolgten ihn interessiert und stimmten seinen Ausführungen durch Kopfnicken teilweise zu. Danach wartete ich etwa 30 Sekunden, damit sich das Gesehene setzen konnte, um die SuS anschließend zu fragen, was bei einer guten Rede beachtet werden müsse. Ihre Antworten schrieb ich dann in einer einfachen Mind-Map an die Tafel (siehe Anhang 4). Da in kurzer Zeit viele Meldungen kamen, konnte ich davon ausgehen, dass das Thema ‚Rede' schon häufiger besprochen wurde. Auf meine anschließende Frage, ob bei Jürgen Trittins Rede auch Merkmale einer guten Rede zu sehen seien, antworteten sie, dass er im Wesentlichen die genannten Punkte beachtet habe, es sei also eine gute Rede gewesen.

Um die SuS gedanklich auf die Gruppenarbeit und die Arbeitsaufträge einzustimmen, habe ich die einleitenden Gedanken des Informationsblattes lesen lassen, vor allem um die Grundtypen der Rede zu klären. Anschließend habe ich die SuS gebeten, sich auf einer gedachten Linie aufzustellen, wo sie sich zwischen *für* und *gegen* traditionelle Energien positionieren konnten. Mich hat es nicht überrascht, dass sie sich eher auf der Seite von erneuerbaren Energien positioniert haben, aber dass derjenige, der am nächsten zu den traditionellen Energien stand, schon genau in der Mitte zwischen beiden Polen war, hat mich dann doch erstaunt. Ich habe die SuS durchzählen lassen und sie so in die vier Gruppen eingeteilt. Somit waren in jeder Gruppe vier oder fünf SuS. Da dies alles weniger Zeit in Anspruch genommen hat, als angenommen, konnte ich den SuS 40 Minuten Gruppenarbeitszeit gewähren.

Da während der Gruppenarbeit nur wenige Fragen auftauchten, kann ich davon ausgehen, dass die Arbeitsaufträge verständlich waren. Inhaltlich sind jedoch einige Fragen entstanden, vor allem in Bezug auf die Strompreisentwicklung und die zuständigen Behörden. Ich war etwas verwundert, dass nur ein Schüler den ‚Mut‘ hatte, sein Smartphone zu weiteren Recherchen zu nutzen, obwohl ich es ausdrücklich erlaubt habe. Alle anderen haben sich vor allem auf den beigefügten Text gestützt, da sie wohl davon ausgegangen sind, dass dieser alle nötigen Informationen für die Lösung der Arbeitsaufträge enthalte. Das hat mir gezeigt, dass das selbstständige Finden von Informationen nicht zur Routine von SuS gehört. Offenbar sind sie es gewohnt, genügend Informationen, vor allem im Umfeld Schule, an die Hand zu bekommen.

In drei Gruppen hat sich sofort ein Gruppenmitglied gefunden, das die Rede halten wird. Lediglich in einer Gruppe, stand die Rednerin erst eine Minute vor Ende der Gruppenarbeitszeit fest. Das war auch die einzige Gruppe, die die Rede ausformuliert hat, wohingegen die anderen Gruppen die einzelnen Punkte ihrer Rede in Stichworten verfasst haben. Thomas Schmitt konnte dankenswerterweise ein Rednerpult organisieren, sodass eine kongressähnlichere Atmosphäre entstanden ist. Da ich mein Tablet mit einem Countdown auf das Pult gelegt habe, konnten die Redenden ihre Redezeit stets überprüfen. Die Redenden hätten zwar die Möglichkeit gehabt, dass ich sie mit einem anderen Namen, quasi einem Pseudonym, für ihre Rede vorgestellt hätte, aber trotzdem wollten sie lieber mit ihrem tatsächlichen Familiennamen eingeführt werden.

Die erste Gruppe sollte aus Sicht eines ‚Ökostromanbieterst' eine verharmlosende Rede halten. Auffällig war die freie Vortragsweise, was vor allem darauf zurückzuführen ist, dass die Argumente stichpunktartig und graphisch auf dem Vortragszettel angeordnet waren und zudem durch einen Marker farblich hervorgehoben wurden. Die Argumente waren schlüssig und haben aufeinander aufgebaut und waren vor allem auf die Zukunft hin orientiert. Es wurden hauptsächlich Argumente aus dem Text verwendet und die negativen Seiten von traditionellen Energien hervorgehoben. Trotz der freien Sprechweise und der Blicke ins Publikum war keine Gestik vorhanden; der Redner hat sich vielmehr am Pult festgeklammert. Allerdings wurde keine verharmlosende Rede gehalten, sondern vielmehr eine appellative Rede, da betont wurde, dass weiter an effektiveren Ökostrommöglichkeiten geforscht werden müsse und ansonsten vor allem auf den Schock im Zusammenhang mit Fukushima gesetzt wurde. Die Rede dauerte etwa drei Minuten und war damit eine Minute unterhalb der Vorgabe. Dennoch war das für 40 Minuten Vorbereitungszeit eine gute Leistung.

Die zweite Gruppe sollte in der Rolle des Bundesamtes für Verbraucherschutz eine sachliche Rede halten. Das war die einzige Gruppe, die ihre Rede zum großen Teil ausformuliert hat, wobei die Rednerin teilweise deutlich davon abgewichen ist und frei gesprochen hat. Zwar waren in den ausformulierten Teil einige Stilmittel wie Wiederholungen eingearbeitet, welche auch so vorgetragen wurden, allerdings wurden diese durch unabsichtliche Wiederholungen im freien Teil verwischt. Es wurden Argumente abgewogen und genaue Zahlen genannt. Der Blick lag oft beim Publikum, wenngleich dies stets mit einem „Ähm" verbunden war. Da jedoch Empfehlungen und Forderungen ausgesprochen wurden, kann diese Rede nicht unbedingt als sachliche Rede bezeichnet werden, denn der appellative Charakter war klar zu erkennen und überwog. Auch diese Rede dauerte etwa drei Minuten. Zwar hatte diese Gruppe die größten Zeitprobleme um rechtzeitig fertig zu werden, dennoch wurde sehr kreativ mit dem Thema umgegangen.

Eine appellative Rede aus der Sicht von ‚Bündnis 90/Die Grünen‘ zu verfassen war die Aufgabe der nächsten Gruppe. Auch hier wurden die Argumente Stichpunktartig notiert, wobei vor allem Zahlen und Fakten aufgeschrieben wurden. Dies war auch die einzige Gruppe, in der mit dem Smartphone zusätzlich recherchiert wurde. Die Rede wurde frei gehalten und dauerte als einzige vier Minuten. Vor allem der moralische Aspekt dieses Themas wurde herausgearbeitet und schließlich endete sie mit dem Ausspruch: „Das sind wir unseren Kindern schuldig!“ Ich hatte den Eindruck, dass das Gesagte absolut der Position des Redners entsprach, sodass für die kurze Zeit eine außerordentlich gute Rede entstand.

Zum Schluss sollte eine ironisch-satirische Rede aus Sicht eines Stromanbieters mit traditionellen Energien gehalten werden. Diese Gruppe war die Einzige mit einer wirklichen Einleitung, die tatsächlich entsprechend dem Arbeitsauftrag ironisch-satirisch war. Im Verlauf wurden allerdings wieder vor allem Argumente in das Blickfeld gerückt und dadurch endete die Rede eher in einem Apell. Auch hier wurde frei gesprochen, das Publikum wurde angesehen und das Auftreten wurde durch angemessene Gesten unterstützt. Auch diese Rede dauerte drei Minuten.

Bei dem anschließenden Aufstellen auf der gedachten Linie hatte sich durch diese Gruppenarbeit allerding keine nennenswerte Änderung ergeben. Die Tendenz war nun jedoch leicht zugunsten des ‚Ökostroms‘ verschoben.

Etwas enttäuschend viel die anschließende Besprechung der Reden aus. Offenbar hatten sich die SuS geistig schon verabschiedet. Sie konnten sich nicht mehr richtig an die einzelnen Reden erinnern, geschweige denn an die einzelnen Redner. So kamen Anregungen und Verbesserungsvorschläge vor allem von meiner Seite. Davon abgesehen bin ich allerdings mit dem Ergebnis dieser Stunde durchaus zufrieden.

6. Fachdidaktische Begründung

Bei meinen Recherchen zu dem Thema ‚Reden halten im Deutschunterricht' hat sich mir das Bild geboten, dass dieses Thema in der Aktuellen Didaktik des Deutschunterricht eine eher untergeordnete Rolle spielt. Begründet wird das damit, dass die wenigsten Menschen im Alltag in die Verlegenheit kommen eine Rede zu halten. Für einige Wenige hingegen, wie Politiker oder Manager, gehört diese Form zum beruflichen Alltag. Daher wird betont, dass diese Form nicht zu einer „Herrschaftsrhetorik für Eliten"[8] werden, sondern jeder fähig sein sollte, eine Rede zu halten.

Damit eine Rede zuhörerorientiert ist und die Zwecke des Redners realisieren kann, ist eine „klare, einprägsame und wirkungsvolle Sprache"[9] notwendig. Dies kann durch das spielerische Herangehen an Reden gefördert werden. Best empfiehlt als Anlässe für frei gehaltene Stegreifreden strittige Probleme. Sie legt den Fokus hierbei auf das

---

[8] Steinig / Huneke (2007): 84.
[9] Beste (2007): 164

Konzept des Sprechdenkens, wonach „das mündliche Formulieren anderen Gesetzmäßigkeiten [folgt] als das schriftliche."[10] Da Denken und Sprechen während des Sprechaktes parallel verlaufen, würden ausformulierte Sätze die Gedankenentwicklung blockieren. Demnach sollten SuS anhand von Stichworten Vortragen lernen. Durch Gestik wird das flüssige Sprechen unterstützt. Der Stichwortzettel sollte sich auf die zentralen Vorstellungen konzentrieren. Geeignet sind auch Cluster oder Mind-Maps, wobei es besonders wichtig ist, eine sinnvolle Reihenfolge zu finden.[11]

Sicher hat es seine Berechtigung, dass Formen wie das Referat oder die Präsentation im Fokus der schulischen Aufmerksamkeit liegen. Allerdings sollte auch die Rede nicht gänzlich eliminiert werden, da sie für die Rhetorik des Einzelnen bestimmt förderlich ist.

---

[10] ebd.:165f
[11] ebd.

7. Reflexion

Abschließend soll die gehaltene Stunde nocheinmal kritisch reflektiert werden. Neben der Frage, wie die Einheit von den SuS selbst und wie sie vom Praktikumsleiter und den Praktikanten wahrgenommen wurde, ist auch von Interesse, wie meine eigene Wahrnehmung war, auch bezogen auf die Lernergebnisse.

7.1.   Anmerkungen der Schülerinnen und Schüler

Da die Reden der SuS nicht so lange waren wie geplant und auch die Besprechung der Reden kürzer ausfiel als gedacht, konnte ich die letzten drei Minuten nutzen, um die SuS zu fragen, was sie in dieser Doppelstunde gelernt haben und wie sie mit den Aufgabenstellungen zurechtkamen.

Besonders erfreulich war für mich, dass einige SuS sagten, dass die Doppelstunde ihnen Spaß gemacht habe, vor allem, dass es etwas anderes, etwa neues, gewesen sei. Allerdings hätten sie Schwierigkeiten mit dem Thema, da sie sich mit Strompreisen noch nicht beschäftigt hätten. Auch der Zeitfaktor war für einige ein Problem, wobei ich davon ausgehe, dass bei einer kreativen Aufgabenstellung in der Schule generell zu wenig Zeit ist, wenn das nicht als Hausaufgabe weitergeführt werden soll. Auf meine Frage, warum keiner mehr bei den Reden zugehört hatte, meinten sie, dass es die sechste Stunde sei und sie einen anstrengenden Tag gehabt hätten.

Auf die Frage, was sie gelernt haben entgegneten sie, dass sie, neben dem Redenhalten an sich, das strukturierte Herangehen an eine Sache vertieft hätten, was letztlich durch die Gruppenarbeit ermöglicht wurde. Somit fiel der Rückblick eher positiv aus.

7.2. Anmerkungen des Praktikumslehrers und der Praktikanten

Alle waren sich darüber einig, dass die Rede von Jürgen Trittin für den Einstieg passend war und gut zum Thema hingeführt hat. Thomas Schmitt machte hierbei deutlich, dass nicht unbedingt ein Negativbeispiel, wie Beispielsweise eine Rede von Edmund Stoiber, gezeigt werden müsse, um zu demonstrieren was eine gute Rede sei. Auch die anderen Unterrichtsmaterialien fanden Zustimmung, wenngleich angemerkt wurde, dass der mitgegebene Text zu lang sei. Allerdings stellt sich die Frage, ob für 40 Minuten ein Text von zwei DinA4-Seiten wirklich zu lange ist. Auch das Aufstellen auf der gedachten Linie wurde begeistert aufgenommen, da dies Bewegung in die Klasse gebracht hat.

Es tauchte die Frage auf, ob es nicht besser wäre, wenn jeder der SuS eine eigene Rede ausarbeiten und halten würde. Dass dies in einer Doppelstunde nicht zu realisieren ist, ist eine Sache, aber in meinem späteren Berufsleben könnte das sicher eine gute Möglichkeit sein, denn so haben diejenigen die Rede gehalten, denen dies ohnehin leichter fiel als den anderen. Ich denke aber, dass es unter solchen Umständen sinnvoll wäre, den SuS entsprechende ‚Vorübungen‘ an die Hand zu geben, um beispielsweise die Aussprache zu verbessern. Gut hat mir der Vorschlag gefallen, einen vorgefertigten Bogen auszuteilen, mit dem das Publikum die Redenden beurteilen kann. Dadurch würde diese Person eine bessere Rückmeldung bekommen und die Klasse wäre wahrscheinlich aufmerksamer.

Dass mein Umgangston mit den SuS als angenehm empfunden wurde, hat mich besonders gefreut, ebenso wie die Aussage, dass ich vor den SuS nicht verkrampft und angespannt wirke. Dass ich an meiner stimmlichen Lautstärke weiter arbeiten muss, ist auch hier wieder aufgefallen. Thomas Schmitt hat noch festgestellt, dass die SuS auch unmittelbar etwas von dieser Stunde haben werden, da in der Klausur, die nächste Woche stattfinden sollte, eine Aufgabe darin bestünde, dass die SuS eine Rede schreiben sollten.

7.3.   Selbstreflexion und Anmerkung zu den Lernergebnissen

Alles in allem bin ich mit den Ergebnissen dieser Doppelstunde sehr zufrieden. Ich habe mich vor der Klasse wohl gefühlt und das ist sicher der wichtigste Punkt, den es für mich bei diesem Praktikum zu klären galt, denn andernfalls hätte ich wohl den falschen Beruf gewählt. Allerdings muss ich unbedingt an meiner Gesprächslautstärke arbeiten.

Vom generellen Ablauf der Stunde her betrachtet, weiß ich nicht, ob ich nochmal das Informationsblatt so besprochen hätte. Es hat sicher den Zweck erfüllt, dass die SuS etwas mit dem Arbeitsauftrag anfangen konnten. Allerdings bin ich davon ausgegangen, dass sie den ‚Info-Kasten‘ selbst nach für sie relevante Themen hin durchlesen würden und man ihn nicht unbedingt mit der ganzen Klasse besprechen muss. Ich habe aber am Ende bemerkt, dass diesen Kasten wohl nur sehr wenige wahrgenommen haben. Ich würde also in Zukunft wenigstens einige Punkte daraus besprechen.

Grundsätzlich bin ich der Meinung, dass man SuS auch durchaus einmal ein Thema anbieten sollte, mit dem sie sich nicht auskennen und in das sie sich erst einlesen müssen. Allerdings müssten die SuS dafür daran gewöhnt sein, selbstständig im Unterricht zuverlässige Informationen zu finden. Ich denke, dass ich hier zu viel Neues auf einmal gefordert habe. Sie sollten selbst eine Rede verfassen und vortragen und das zu einem Thema, mit dem sie sich noch nie beschäftigt haben, mit Informationen, die sie sich selbst beschaffen sollten, wenngleich ein Grundstock an Informationen durch den SZ-Artikel gegeben war. Ich hätte vielleicht auch nochmals darauf hinweisen sollen, dass die SuS eine besondere Art von Rede verfassen sollten und nicht irgendeine Rede, denn die Arbeitsaufträge wurden dahingehend nicht richtig wahrgenommen. In jedem Fall würde ich, wenn ich diese Stunde noch einmal halten würde, einen Bogen austeilen, um die Redenden zu bewerten. Dann würden sie eine bessere Rückmeldung erhalten und die Klasse wäre konzentrierter. Nichtsdestotrotz bin ich mit den Lernergebnissen zufrieden.

I Literatur

Balser, Markus / Micheal Bauchmüller. Strompreiserhöhungen. Deutschland sucht den Sündenbock. 23.11.2012. http://www.sueddeutsche.de/wirtschaft/strompreiserhoehungen-deutschland-sucht-den-suendenbock-1.1530889 (Letzter Aufruf 11.01.2014).

Beste, Gisela (Hrsg.): Deutsch Methodik. Handbuch für die Sekundarstufe I und II. Berlin 2007.

Bündnis 90 / Die Grünen. Bundestagsrede von Jürgen Trittin. Regierungserklärung Japan. http://www.gruene-bundestag.de/parlament/bundestagsreden/2011/maerz/ regierungs-erklaerung-japan_ID_374771.html (Letzter Aufruf 27.02.2014).

ISB – Staatsinstitut für Schulqualität und Bildungsforschung München. 11Deutsch. http://www.isb-gym8-lehrplan.de/contentserv/3.1.neu/g8.de/index.php?StoryID=26539&PHPSESSID=db8459138050684cce945b745b0bcdc8 (Letzter Aufruf 27.02.2014).

Kohrs, Peter (Hrsg.): Deutsch in der Oberstufe. Ein Arbeits- und Methodenbuch. Braunschweig, Paderborn, Darmstadt 2009.

Steinig, Wolfgang / Hans-Werner Huneke: Sprachdidaktik Deutsch. Eine Einführung. 3. Aufl. Berlin 2007.

YouTube. Japan: Jürgen Trittins Rede im Bundestag zu Fukushima. Bündnis 90/Die Grünen. http://www.youtube.com/watch?v=Qer_08hK7UA (Letzter Aufruf 27.02.2014).

II Anhang

Anhang 1

Die Rede

Die Rhetorik (griech.: Kunst der Rede) spielte in der Antike im öffentlichen Leben eine besondere Rolle. Grundsätzliche Regeln und Unterscheidungen gelten noch heute. So kann man im Sinne der antiken Rhetorik drei Grundtypen der öffentlichen Rede unterscheiden:

- **argumentative** Form (argumentative Auseinandersetzung mit einem Thema im Vordergrund)
- **Feierrede**, Festrede, Erinnerungsrede
- Rede vor **Gericht** (Anklage oder Verteidigung)

Grundtypen der Rede im Sinne des Kommunikationsmodells von Karl Bühler:

- **Darstellung**: darstellende Rede, in denen Sachverhalte im Vordergrund stehen (Referat, wissenschaftlicher Vortrag)
- **Ausdruck**: expressive Reden, in denen Gefühle und Befindlichkeiten des Redners im Mittelpunkt stehen (Feierrede, Trauerrede)
- **Apell**: appellative Reden, in denen Zuhörer unmittelbar angesprochen und zu etwas aufgefordert werden

Eine Rede ist deutlich durch die Redesituation gekennzeichnet: Anlass der Rede, Ort, Zeitpunkt, Zusammensetzung des Publikums. Die Rede selbst ist durch die folgenden Gesichtspunkte bestimmt:

- Thema/Sachverhalt
- Redner/Rednerin und dessen/deren Absichten
- Zuhörer
- rhetorische Mittel

Information

Hinweise und Regeln für eine gute Rede

- Gliedern Sie Ihren Text so, dass der Aufbau für den Prozess des Verstehens hilfreich ist. Machen Sie bei dem jeweiligen Redeabschnitt deutlich, worum es gerade geht.
- Sprechen Sie frei nach einem Stichwortkonzept.
- Sprechen Sie nicht zu schnell, sprechen Sie deutlich und verständlich, machen Sie Pausen.
- Verwenden Sie klar gebaute, nicht zu lange Sätze. Sprechen Sie einfach und anschaulich; vermeiden Sie unnötige Fremdwörter, erläutern Sie Fachbegriffe.
- Gehen Sie von den Voraussetzungen und Erwartungen des Zuhörers aus, indem Sie sein Interesse zu wecken versuchen.
- Veranschaulichen Sie, wenn möglich, Ihre Ausführunge durch Beispiele.
- Stellen Sie sich mit Ihren Beispielen und Ihrer Sprach auf Ihre Zuhörer ein. Bringen Sie die Sache auf den f Ihre Zuhörer wichtigen Punkt.
- Halten Sie Blickkontakt mit Ihren Zuhörern, achten S darauf, wie Ihre Zuhörer reagieren (Feedback).
- Bringen Sie Ihre persönliche Eigenart mit ein; achten S auf Ihre Körpersprache; schätzen Sie diese richtig ei damit Sie in Ihrem Auftreten glaubwürdig wirken.
- Geben Sie nicht mehr Informationen, als man beim blo ßen Zuhören verarbeiten kann.

Arbeiten Sie Zusammenhänge bzw. Gegensätze besonders deutlich heraus.

Platzieren Sie die Schwerpunkte Ihrer Rede an einer günstigen Stelle.

Hören Sie auf, wenn die Aufmerksamkeit der Zuhörer am intensivsten ist. Finden Sie einen passenden Schluss.

Untersuchungsgesichtspunkte für eine Rede

- Wie ist die Zeit- und Redesituation zu beurteilen? (Wer redet? Wann ...? Wo ...? Aus welchem Anlass ...?)
- Worüber wird gesprochen? (Wie heißt das Problem? Wie lautet die Kernaussage? Wie heißen die Kernthesen?)
- Wie ist die Rede gegliedert, inhaltlich aufgebaut?
- Lässt sich die Rede einem Grundtypus (s. S. 50) zuordnen oder handelt es sich eher um eine Mischform?
- Welches Ziel hat der Redner, welchen Zweck verfolgt er? Will er Übereinstimmung mit dem Publikum oder will er sein Publikum gedanklich verunsichern, zum Nachdenken anregen?
  Will er an Gefühle, Stimmungen oder Einstellungen appellieren?
  Will er, speziell bei politischen Reden, **die eigene Position aufwerten**, indem er z. B.
  - günstige Gesichtspunkte hervorhebt, ungünstige abschwächt oder verschweigt,
  - die eigene Gruppe mit positiven Attributen versieht,
  - eigene Verdienste hervorhebt,
  - Fehler anderen zuschiebt?
  Will er den **politischen Gegner abwerten**, indem er z. B.
  - günstige Seiten verschweigt,
  - Fehler der anderen betont?
  Will er **beschwichtigen**, indem er z. B.
  - Widersprüche verschweigt oder verschleiert,
  - für alles Verständnis bekundet,
  - allgemeine Weisheiten formuliert,
  - schwammige Formulierungen benutzt?
- Wie ist die Rede im Einzelnen gestaltet, welche **sprachlich-rhetorischen Mittel** werden eingesetzt?

Sprachlich-rhetorische Mittel

Man spricht in diesem Zusammenhang auch von **rhetorischen Figuren**, das sind festgeprägte Ausdruckselemente für bestimmte Sprachverhaltensweisen; es handelt sich dabei vor allem um **Abweichungen vom normalen alltäglichen Sprachgebrauch**, die in der jeweiligen Redesituation eine bestimmte Wirkung auf die Zuhörer verfolgen.

Figuren aus dem Wortbereich (Abweichungen vom normalen Wortgebrauch)

- Metapher/bildhafte Übertragung (Beispiel: das Meer des Lebens)
- Metonymie/Umbenennung (Beispiel: England wird Weltmeister)
- Umschreibung (Beispiel: „Zweitfrisur" für „Toupet")
- Wortspiel (Beispiel: Da werden Ihre Füße aber Augen machen! – Werbung)
- Hyperbel/Übertreibung (Beispiel: Im Stadion war die Hölle los)
- Euphemismus/Verharmlosung (Beispiel: „Null-Wachstum" statt „Stillstand")
- Ironie

Figuren aus dem Satzbereich (Abweichungen vom normalen Satzgebrauch)

- Umstellung (Beispiel: Zehn Jahre haben sie gebraucht, statt: Sie haben ...)
- Chiasmus/Kreuzstellung (Beispiel: Der Weg ist lang, doch kurz ist unser Leben)
- Parallelismus (im Satzbau)
- Satzellipse (grammatisch unvollständiger Satz; Beispiel: [Das] Ende [ist] gut, [deshalb ist] alles gut)
- Anapher (gleiche Satzanfänge)

Figuren aus dem Gedankenbereich (Abweichungen vom üblichen Gedankengang)

- Vorgriff
- Rückgriff
- Exkurs
- rhetorische Frage (unechte Frage, man erwartet keine Antwort)
- Parenthese (Einschub)

Figuren aus dem argumentativen Bereich (dies sind Mittel, die den Redner in psychologischer und argumentatorischer Hinsicht unterstützen)

- Aufrütteln: Man versucht – meist zu Beginn der Rede – klarzumachen, wie wichtig der Sachverhalt für die Zuhörer ist.
- Versprechen der Kürze: Um das Publikum bei guter Laune zu halten, verspricht man, sich kurzzufassen bzw. zum Schluss zu kommen.
- Bescheidenheit: Man setzt sich selbst herab und versucht dadurch, dem Selbstgefühl des Publikums zu schmeicheln.
- Aufwertung/Abwertung/Beschwichtigung (siehe oben)
- Beispiel geben: Man erwähnt eine bestimmte Tatsache, um eine allgemeine These zu beweisen.
- Vergleich: Man veranschaulicht einen Sachverhalt und qualifiziert ihn.
- Sentenz/Sprichwort: Man stützt dadurch die eigene These; möglicherweise werden bestehende Ansichten genutzt.

<u>**Anhang 2**</u>

Gruppe 1:

Eure Firma „Grünstrom", die Strom aus erneuerbaren Energien gewinnt, wurde eingeladen auf dem Kongress „Die Zukunft des deutschen Stromes" eine vierminütige Rede zu halten. Der abgedruckte Zeitungsbericht soll euch einen Eindruck von den preislichen Problemen vermitteln, die eure Zuhörer bei diesem Thema im Kopf haben. Zusätzliche Recherche im Internet kann sicher nicht schaden…

<u>Arbeitsauftrag</u>: Verfasst zusammen eine verharmlosende Rede, bei der ihr Argumente und Informationen so vorstellt, dass ihr das Publikum für Ökostrom gewinnt. Eine Person aus eurer Gruppe soll anschließend diese Rede vortragen.

Gruppe 2:

Eure Arbeitsgruppe des Bundesamtes für Verbraucherschutz, die sich mit der Preisentwicklung des Stromes beschäftigt, wurde eingeladen auf dem Kongress „Die Zukunft des deutschen Stromes" eine vierminütige Rede zu halten. Der abgedruckte Zeitungsbericht soll euch einen Eindruck von den preislichen Problemen vermitteln, die eure Zuhörer bei diesem Thema im Kopf haben. Zusätzliche Recherche im Internet kann sicher nicht schaden…

<u>Arbeitsauftrag</u>: Verfasst zusammen eine sachliche Rede, bei der ihr Argumente und Informationen vorstellt. Eine Person aus eurer Gruppe soll anschließend diese Rede vortragen.

Gruppe 3:

Eure Arbeitsgruppe der Partei „Bündnis `90/Die Grünen", die sich mit der Förderung von Ökostrom beschäftigt, wurde eingeladen auf dem Kongress „Die Zukunft des deutschen Stromes" eine vierminütige Rede zu halten. Der abgedruckte Zeitungsbericht soll euch einen Eindruck von den preislichen Problemen vermitteln, die eure Zuhörer bei diesem Thema im Kopf haben. Zusätzliche Recherche im Internet kann sicher nicht schaden···

<u>Arbeitsauftrag</u>: Verfasst zusammen eine appellative Rede, bei der ihr die Zuhörer vom moralischen Wert von Erneuerbaren Energien überzeugen wollt. Eine Person aus eurer Gruppe soll anschließend diese Rede vortragen.

Gruppe 4:

Eure Firma „Traditional Energy“, die auf traditionelle Weise Strom gewinnt, wurde eingeladen auf dem Kongress „Die Zukunft des deutschen Stromes“ eine vierminütige Rede zu halten. Der abgedruckte Zeitungsbericht soll euch einen Eindruck von den preislichen Problemen vermitteln, die eure Zuhörer bei diesem Thema im Kopf haben. Zusätzliche Recherche im Internet kann sicher nicht schaden…

<u>Arbeitsauftrag</u>: Verfasst zusammen eine ironisch-satirische Rede, bei der ihr Argumente und Informationen so vorstellt, dass ihr das Publikum für traditionelle Energien gewinnt. Eine Person aus eurer Gruppe soll anschließend diese Rede vortragen.

Zeit	Unterrichtsschritte	Unterrichtsform	Medien
7 Min.	Film „Japan: Jürgen Trittins Rede im Bundestag zu Fukushima" bis Min 6.08 Danach ca. 45 Sek. warten, damit sich Eindruck setzt.	Rede	Film
8 Min.	- Mind Map: Was muss bei einer guten Rede beachtet werden? - Was ist euch bei Jürgen Trittins Rede in Erinnerung geblieben, wo ihr Merkmale einer guten Rede seht?	Unterrichtsgespräch	Tafel
5 Min.	- Einleitende Infos von Blatt „Die Rede" lesen - Ampelspiel: am Fenster für Ökostrom, an Tür für traditionellen Strom - Gruppenarbeit: 4 Gruppen → 5-6 SuS in einer Gruppe durchzählen	Unterrichtsgespräch Ampelspiel Lehrervortrag (Arbeitsanweisung)	Informations-blatt
35 Min.	Gruppenarbeit: 1. Grünstrom: Verharmlosende Rede 2. Verbraucherschutz: Sachliche Rede 3. Die Grünen: Appellative Rede 4. Traditional Energy: ironisch-satirische Rede	Gruppenarbeit	
20 Min.	Reden vortragen: Zuhörer sollen aufschreiben, was sie an Rede beobachten	Schülerreden	
5 Min.	Ampelspiel: am Fenster für Öko-strom, an Tür für traditionellen Strom → wer hat seine Meinung geändert, warum?	Ampelspiel	
10 Min.	Was ist bei den Reden aufgefallen, v.a. bei den anderen Gruppen (Feedback für Reden/Redner)	Unterrichtsgespräch	

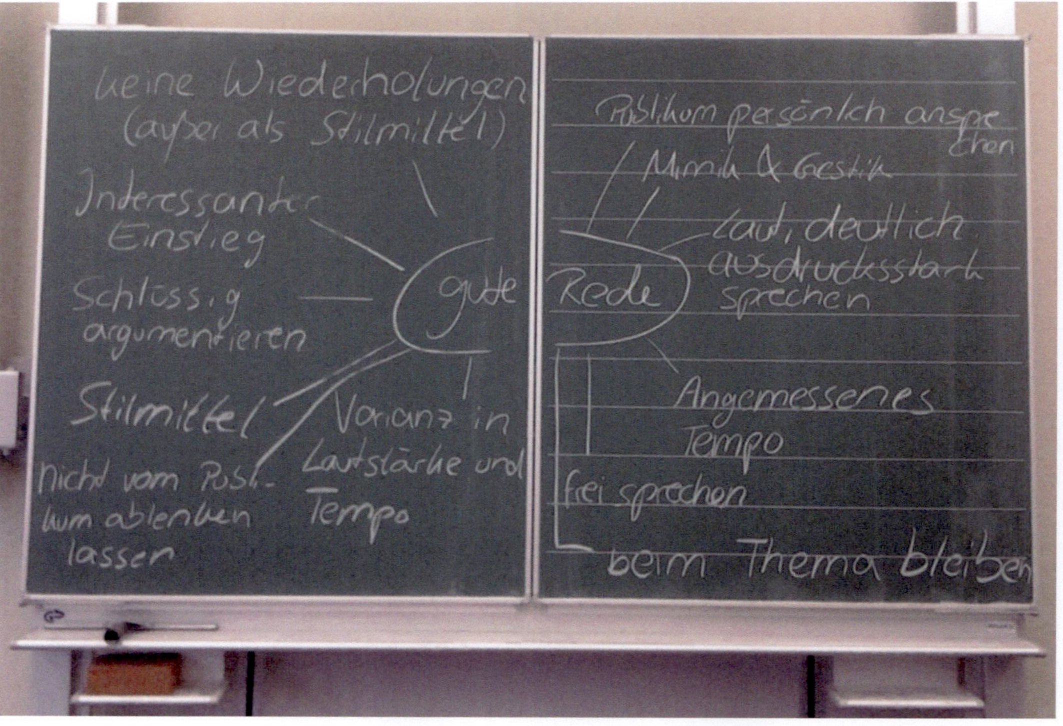

keine Wiederholungen (außer als Stilmittel)
Interessanter Einstieg
Schlüssig argumentieren
Stilmittel
nicht vom Publ. um ablenken lassen
Varianz in Lautstärke und Tempo
gute Rede
Publikum persönlich ansprechen
Mimik & Gestik
laut, deutlich, ausdrucksstark sprechen
Angemessenes Tempo
frei sprechen
beim Thema bleiben